BIBLIOTHÈQUE MORALE

—

In-12 Cinquième Série.

—

Tout exemplaire qui ne sera pas revêtu de ma griffe sera réputé contrefait et poursuivi conformément aux lois.

Ch. Barbier

AU PAYS
DES ZOULOUS ET DES CAFRES

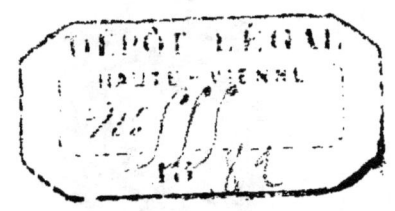

AU PAYS
DES ZOULOUS
ET DES CAFRES

Colonie Anglaise du Cap de Bonne-Espérance

PAR

DE LA BÉDOLLIÈRE

LIMOGES
ANCIENNE MAISON BARBOU FRÈRES
Ch. BARBOU, IMPRIMEUR-LIBRAIRE-ÉDITEUR
Avenue du Crucifix.

AU PAYS
DES ZOULOUS ET DES CAFRES

I

Limites de la colonie du Cap. — A-t-elle été connue des anciens ? — Expédition de Barthélemy Diaz. — Voyage de Vasco de Gama. — João de Infante. — Les Hottentots. — Les Portugais renoncent à coloniser le Cap.

La colonie du cap de Bonne-Espérance, située à la pointe méridionale de l'Afrique, s'étend entre les 29° 50" et 35° de latitude nord, et les 15° et 26 de latitude est. Elle est bordée au nord par la Hottentotie indépendante, au sud par l'océan Méridional, à l'est par la Cafrerie, à l'ouest par l'océan Atlantique.

Cette contrée, à laquelle le développement du commerce a donné tant d'importance depuis le seizième siècle, était-elle connue des anciens? Il résulterait de quelques fragments de Possidonius et de Cornelius Nepos que la circumnavigation de l'Afrique avait été accomplie par les Tyriens, par le Carthaginois Hannon et par Eudoxe de Cyzique; toutefois leurs expéditions, si elles réussirent, ne furent pas accomplies dans des conditions assez favorables pour qu'ils trouvassent des imitateurs. Quelques érudits surent peut-être qu'il était possible de doubler la pointe de l'Afrique Australe; mais le succès d'une pareille entreprise était purement accidentel. Une découverte n'est réelle que lorsqu'elle accroît efficacement le domaine et la puissance de l'homme. Des Asiatiques, voguant au hasard ou poussés par les vents, ont pu traverser la mer Pacifique et venir peupler quelques parties du continent américain ; mais ils n'avaient aucun moyen de regagner leur patrie, et si quelques-uns parvinrent à en retrouver la route, ils perdirent celle des régions inconnues dont le hasard leur avait révélé l'existence. C'est donc à tort qu'on dispute à Cristophe-Colomb le mérite et l'honneur d'avoir frayé le chemin du nouveau monde.

C'est à tort aussi qu'on dispute aux navigateurs portugais du quinzième siècle le mérite et l'honneur d'avoir doublé les premiers la pointe méridionale de l'Afrique. En admettant avec quelques auteurs que, sous le règne du Pharaon Nekoh, les Phéniciens aient fait le tour de l'Afrique, il est certain qu'ils ne le recommencèrent pas. Le Perse Sataspes, criminel auquel Xerxès avait accordé la vie, à la condition qu'il renouvellerait cet exploit, recula devant les obstacles, et plutôt que de les affronter, revint avec résignation subir le supplice du pal. Il n'y a point de découverte tant que le pays nouveau n'est pas mis en communication régulière avec le pays ancien.

Le grand cap africain ne fut reconnu d'une manière utile et pratique qu'en 1486. Au mois d'août de cette année, Jean II, roi de Portugal, fit fréter deux navires de cinquante tonneaux chacun et un aviso, pour explorer la côte d'Afrique.

Le commandement de l'expédition fut confiée à Barthelémy Diaz, qui, battu par des vents furieux, doubla le Cap sans s'en douter, et poursuivit sa route jusqu'aux îles de la Croix, situées dans la baie de Lagoa. A son retour, au milieu d'une effroyable tempête, il détermina la position de la baie et des montagnes du Cap. Il avait été tellement frappé des dangers qui l'avaient accablé à la hauteur de l'extrémité sud de l'Afrique, qu'il proposa de la nommer cap des Tempêtes, *cabo Tormentoso* ou *cabo de Todos Tormentos*; mais, persuadé qu'en la doublant on avait fait un pas décisif sur le chemin des Indes, on voulut la désigner sous le nom de cap de Bonne-Espérance, *cabo de Buona-Esperanza.*

Emmanuel, successeur de Jean II, mit trois vaisseaux et cent soixante hommes d'équipage à la disposition de Vasco de Gama, qui, en 1497, doubla le Cap pour se rendre aux Indes ; mais ni lui ni Diaz ne descendirent sur le sol africain. Ce fut un autre navigateur portugais qui aborda le premier au Cap, en 1498. Il s'appelait João de Infante, et nous ne savons pourquoi d'anciennes relations lui ont donné le nom de rio del Elephanter, qui est celui d'une rivière. D'après les renseignements qu'il recueillit, l'occupation de la côte africaine fut décidée à Lisbonne, mais elle ne se réalisa pas. Les hommes chargés de fonder l'établissement furent effrayés de l'aspect farouche et des mœurs barbares des aborigènes. C'étaient les Gaiquas, que les Hollandais nommèrent plus tard Hottentots, en les entendant chanter une chanson dont le refrain était *Hottentottum brokana*. Ils se divisaient en tribus, dont les principales, suivant les vieilles cartes, étaient les Garinhaiquas, les Sussaquas, les Nessaquas, les Obiquas, les Sonquas, les Khirigriquas, les Houteniquas, les Attaquas, etc.

Ces sauvages avaient le teint basané,

les pommettes saillantes, le nez fortement épaté, les narines d'une largeur énorme, la chevelure laineuse. Ils ne savaient point cultiver la terre, mais ils élevaient des troupeaux et chassaient des animaux, qu'ils tuaient avec des flèches empoisonnées, et dont ils enlevaient la partie blessée avant de les manger. Leurs huttes, de forme ovale, étaient faites avec des pieux recourbés qu'ils couvraient de nattes ou de peaux. Il leur était impossible de s'y tenir debout, et ils y vivaient accroupis ou couchés. Ils reconnaissaient un être suprême, qu'ils appelaient Gounga Tekquoa (le dieu de tous les dieux), et auquel ils offraient des bestiaux en sacrifice. Ils regardaient la lune comme un gounga inférieur et admettaient une divinité malfaisante, Kham-ouna, le génie du mal. Ils croyaient que les premiers parents, ayant offensé le grand Dieu, étaient punis dans leur postérité. Ils croyaient aussi, selon Kolben, que ces premiers parents s'appelaient Noh et Hingnoh ; qu'ils étaient entrés en Afrique par une petite lucarne, et avaient enseigné à leurs enfants l'art d'élever les bestiaux : traditions qui ont une vague mais frappante concordance avec celles de la Bible.

Chaque tribu se subdivisait en kraals,

en villages, dont les principaux fonctionnaires étaient le konquer ou chef militaire, le juge, le médecin ou sorcier et le prêtre.

La saleté des Hottentots, leur langage rauque et inarticulé, leurs physionomies stupides, leurs longues zagaies, les firent prendre par le Portugais pour anthropophages. Après avoir abattu sur le continent quelques pièces de gibier, les colons envoyés par le roi Emmanuel se retirèrent dans une île de la baie, et se rembarquèrent dès que le temps fût favorable.

Une douloureuse catastrophe acheva

de faire abandonner au Portugal ses projets de colonisation. François d'Almeyda, vice-roi des Indes, relâcha au Cap en 1509 ; des matelots qu'il envoya à terre pour se procurer des vivres au moyen d'échanges furent repoussés ; il voulut les venger et fut tué avec soixante-quinze des siens. Deux ans plus tard, un détachement portugais descendit sur la même plage avec une pièce de canon chargée à mitraille, et décima les indigènes qui étaient accourus en foule à la rencontre des étrangers.

II

Voyage des Anglais et des Hollandais au cap de Bonne-Espérance. — Fondation de la colonie. — Hostilités avec les indigènes.

A la fin du seizième siècle et au commencement du dix-septième, les Anglais et les Hollandais commencèrent à faire escale au cap de Bonne-Espérance. Le capitaine Raymond y relâcha en 1591 ; le chevalier de Lancastre en 1601 ; Henri Middleton en 1604 et en 1610; Davis et Michelburn en 1605. Les auteurs anglais assurent même que deux officiers de leur nation, Humphrey Fitz-Hubert et Andrew Shillinge, prirent possession de la contrée, le 3 juillet 1620, au nom du roi Jacques 1er.

Les bâtiments de la compagnie hollandaise des Indes orientales, constituée vers l'an 1600, explorèrent le Cap à plusieurs reprises. L'amiral Georges Spielberg, parti de Veer en Zélande avec trois vaisseaux, le 5 mai 1601, mouilla au mois d'octobre de la même année dans la baie du cap, et la nomma baie de la Table, à cause de la haute montagne qui la domine, et dont le sommet est un vaste plateau horizontal. Un autre voyage fut entrepris en 1604 ; on essaya de lier des relations avec les Hottentots mais ils inspirèrent aux Hollandais une insurmontable répugnance. Comment s'entendre avec des êtres qui, suivant la relation qui nous été laissée de ce voyage, « gloussaient comme des coqs d'Inde ? » « Les habitants du Cap, dit Van Rechteren, qui les visita en 1629, mènent une vie si déréglée qu'elle approche de celle des bêtes. Tout ce qu'il mangent est cru :

chair, poisson, entrailles, peaux, ils dévorent tout dès que les bêtes sont mortes. Ils vont nus, hommes et femmes, n'ayant qu'un petit morceau de peau, pas plus large que la main, pour se couvrir. Il ne paraît pas qu'il y ait parmi eux aucune loi, ni police, ni religion. »

Ce ne fut qu'en 1648 que Jean-Antoine Van Riebeck, chirurgien d'une flottille hollandaise, conçut l'idée de fonder au Cap une colonie. Il avait remarqué que les indigènes, malgré leur physionomie hideuse et leur civilisation rudimentaire, avaient des mœurs beaucoup plus douces qu'on ne le supposait. Il présenta une requête à la compagnie hollandaise des Indes, qui mit à sa disposition trois navires, tandis que les Etats généraux lui conférèrent le titre de gouverneur général.

En arrivant au Cap, Van Riebeck s'aboucha avec les sauvages qu'on réputait si terribles, leur distribua des marchandises dont la valeur totale s'élevait à quinze mille florins, et en obtint la concession du territoire compris entre la baie de Saldanna et de la baie de Nissel, avec la facilité de s'étendre fort avant dans l'intérieur du pays.

Van Riebeck n'occupa d'abord que les

environs de la baie de la Table, au fond de laquelle fut assise la ville nouvelle, avec un fort pentagonal pour la protéger. Quoique les colons fussent encore en petit nombre, il créa une administration complète, composée d'un grand conseil, d'un collège de justice, d'un tribunal secondaire, d'une cour des mariages, d'une chambre des orphelins et d'un conseil ecclésiastique.

Une concession de soixante acres de terre fut offerte à quiconque voudrait s'établir dans la colonie, avec droit de propriété et de succession, à la condition que, dans l'espace de trois ans, il se mettrait en état non seulement de subsister sans secours, mais encore de contribuer à l'entretien de la garnison. La compagnie n'exigea d'abord des cultivateurs aucune redevance ; elle leur fournit même à crédit des bestiaux, des semences, des instruments aratoires. Elle leur donna des femmes qui furent recrutées dans les communautés d'orphelines et autres maisons de charité. Enfin, on accorda aux nouveaux habitants la liberté de disposer de leurs terres au bout de trois ans, s'ils étaient tentés de revenir en Europe.

Ces avantages séduisirent un grand nombre d'aventuriers, auxquels il ne fut pas, toutefois, permis d'en jouir en paix. Les indigènes s'inquiétèrent de l'invasion des Européens, et commencèrent à la combattre. Les Hottentots, que les Hollandais appelaient *Kaapmans*, (hommes du cap), vivaient en bonne intelligence avec les colons ; mais les Bosjesmans (hommes des bois ou des taillis), repoussant toute alliance avec l'étranger, rôdaient sur les frontières, surprenaient les habitations et y portaient le meurtre et l'incendie. Ils avaient soin de choisir pour leurs expéditions les temps de pluie et de brouillard, tant parce qu'ils dissimulaient mieux leurs marches, que parce qu'ils avaient remarqué que les armes à feu était alors moins redoutables. Leurs déprédations redoublèrent en 1659, sous la direction de deux chefs, Garahinga et Homoa. Ce dernier, que les Hollandais nommaient Doman, avait passé cinq ou six ans à Batavia, et depuis son retour au Cap avait longtemps vécu dans la ville, mais il avait disparu tout à coup, et on le revit à la tête d'une bande nombreuse de ses compatriotes, auxquels il enseigna le maniement des armes à feu.

La guerre avait éclaté au commencement de mai. Dans le courant d'août, une chaude escarmouche s'engagea entre des

2.

cavaliers hollandais et des Hottentots, dont l'un, nommé Epkamma, eut la jambe fracassée et la gorge percée d'une balle. On le transporta mourant au fort, et on lui demanda quels motifs avait sa nation pour attaquer les Hollandais.

— Pourquoi, répondit-il, avez-vous semé et planté nos terres? Pourquoi les employez-vous à nourrir vos troupeaux, et nous ôtez-vous ainsi notre propre nourriture? Si nos tribus vous font la guerre, c'est pour tirer vengeance des injures qu'elles ont reçues. Pouvons-nous souffrir qu'il nous soit interdit d'approcher des pâturages que nous avons si longtemps possédés? Pouvons-nous souffrir que, sans se croire obligés à la moindre reconnaissance envers nous, des usurpateurs se partagent nos domaines? Si vous aviez été traités de la sorte, que feriez-vous?

Epkamma ne succomba qu'au bout de six jours à ses blessures. Voyant les Hollandais animés de dispositions pacifiques, il leur conseilla de s'adresser à Gogasoa, konquer auquel obéissaient les Garinhaiquas. L'avis parut bon à suivre; mais une première démarche fut inutile, et jusqu'à la fin de l'année les habitations furent saccagées, les fermiers massacrés, les bestiaux enlevés presque à la vue du fort.

Cependant un revirement subit s'opéra dans les dispositions des Hottentots. Au mois de février 1660, un chef de kraal, nommé Khery, accompagné de Kamsemoga, qui avait vécu quelque temps parmi les Européens, vint au Cap avec une suite nombreuse. Il demanda que les relations fussent rétablies entre les tribus et les colons, et pria le gouverneur d'accepter treize bœufs et vaches comme gage d'amitié. Il fut convenu que les Hollandais restreindraient leurs défrichements au terrain que l'on pouvait parcourir en trois heures à partir du fort. Peu de jours après, Gogasoa, konquer des Garinhaiquas, fut amené par Khery, et confirma le traité, qui fut fidèlement observé pendant plusieurs années.

III

Fondation des districts de Stellenboschen et Drakenstein. — Protestants français établis au Cap. — District de Waweren. — Opinion de Georges Anson sur la colonie.

En 1679, Simon Van der Stell, dixième successeur de Van Riebeck, sans chercher à empiéter sur le territoire des Hottentots, entreprit le défrichement d'une contrée boisée, qui forma le district de Stellenboschen. Van der Stell entretint de bonnes relations avec les indigènes ; mais il essaya vainement de faire pénétrer chez eux les lumières de la civilisation occidentale. Il avait recueilli un jeune Hottentot, qu'il fit élever dans la religion chrétienne, et auquel il donna des maîtres de toute espèce. L'enfant apprit plusieurs langues, et dès son adolescence, il put être utilement employé par un agent de la compagnie dans un des comptoirs de l'Inde. Cet agent étant mort, le jeune commis revint au Cap, et aussitôt après son arrivée reprit le chemin du kraal de ses pères. Dès qu'il y fût, ses instincts se réveillèrent ; il jeta son costume d'emprunt pour endosser le kaross de peau de mouton. Il retourna au fort, et remettant ses anciens habits à Van der Stell : — Monsieur, lui dit-il, je renonce pour toujours au genre de vie que vous m'aviez fait embrasser ; ma résolution est de suivre jusqu'à la mort la religion et les usages de mes ancêtres ; je garderai en mémoire de vous le collier et l'épée que vous m'avez donnés, mais trouvez bon que j'abandonne tout le reste.

Sans attendre la réponse du gouverneur, il s'enfuit, et on ne le revit plus.

Simon Van der Stell avait été desservi auprès de la compagnie hollandaise des Indes et des Etats généraux de Hollande. Il fut maintenu dans son poste, grâce aux démarches du baron Van Rheeden, seigneur de Drakenstein dans la Gueldre. En reconnaissance, Van der Stell donna le nom de Drakenstein, à un nouveau district qui fut peuplé par des ouvriers, la plupart allemands, au service de la compagnie. Des terres y furent distribuées, en 1675, à des protestants français réfugiés, qui y introduisirent avec succès la culture de la vigne.

D'après la relation du capitaine anglais

Cowley, qui relâcha au Cap en juin 1686, la ville du Cap (Kaapstad) n'avait qu'une centaine de maisons, auxquelles on avait donné peu d'élévation, afin de les soustraire à la fureur des ouragans.

François Leguat, protestant, chassé de France par la révocation de l'édit de Nantes, visita le Cap en 1691. La capitale de la colonie était alors un bourg d'environ trois cents maisons, bâties en pierres et tenues avec une propreté hollandaise. Les rues étaient tirées au cordeau. Le gouverneur logeait, avec cinq cents hommes de garnison, dans un fort pentagonal construit à droite de la baie.

Le jardin de la compagnie, entretenu avec soin, avait des allées d'orangers et de citronniers. On y avait acclimaté différentes espèces d'arbres fruitiers d'Europe, tels que les poiriers, les pommiers, la vigne, le coignassier, le pêcher, l'abricotier.

François Leguat ne négligea pas de rendre visite à ses coréligionnaires expatriés. « A dix lieues du Cap, dans les terres, il y a, dit-il, une colonie qu'on appelle Draguestain. Elle est d'environ trois mille personnes, tant Hollandais que Français, protestants réfugiés. Lorsque nos pauvres frères du Cap eurent formé le dessein de s'aller établir dans ce pays, on les gratifia en Hollande d'une somme considérable, pour les mettre en état de faire le voyage ; on les transporta sans qu'il leur en coûtât rien ; et quand ils furent arrivés, on leur donna autant de terre qu'ils en voulaient. On leur fournit aussi des instruments d'agriculture, des vivres et des étoffes ; tout cela sans tribut annuel et sans intérêts ; mais à condition de rembourser quand ils en auraient acquis les moyens. On fit aussi une collecte considérable pour eux à Batavia, et cette somme leur a été distribuée à proportion de leurs nécessités.

» Nos réfugiés font travailler les Hottentots à la moisson, à la vendange et à tout ce qu'ils veulent, pour un peu de tabac et du pain. Comme ils ont permission de chasser, la nourriture ne leur coûte presque rien. Il n'y a que le bois qui est un peu rare, mais cela ne tire pas à grande conséquence, parce que le climat étant chaud, il ne faut du feu que pour la cuisine. Chacun peut bien penser que n'y ayant point de commencements sans quelques difficultés, ces bonnes gens ont eu de la peine d'abord ; mais ils ont été très charitablement secourus ; et enfin Dieu a si bien béni leur labeur, qu'ils sont généralement tous à leur aise. Il y en a même qui sont devenus riches.

» Un de ces réfugiés, nommé Taillefer, né à Château-Thierry, fort honnête homme et homme d'esprit, a un jardin qui peut assurément passer pour beau. Rien n'y manque, et tout est d'un ordre, d'une propreté charmante. Il a aussi une basse-cour bien remplie, et une grande quantité de bœufs, de moutons et de chevaux, qui, à la manière du pays, paissent toute l'année dehors, et y trouvent abondamment leur nourriture, sans qu'il faille faire provision de foin, ce qui est extrêmemen commode. Ce galant homme reçoit parfaitement bien ceux qui vont le voir, et il les régale à merveille. Son vin est le meilleur du pays, et approche de nos petits ns de Champagne.

» A mettre tout ensemble, il est certain que le Cap est un charmant refuge pour les pauvres protestants français. Ils y goûtent paisiblement leur bonheur, et vivent dans une heureuse société avec les Hollandais, qui sont comme on le sait, d'une humeur franche et bienveillante. »

En 1701, sous l'administration de Guillaume Van der Stell, fut créé un quatrième district, qui prit le nom de la famille Waweren, d'Amsterdam, à laquelle le gouverneur était allié. Ces districts, isolés d'abord par la difficulté des communications, se rapprochèrent par degrés les uns des autres. Les cultures s'étendirent; les grands établissements ruraux se multiplièrent; le commerce se développa. La colonie jouissait d'une grande prospérité lorsque l'amiral anglais Georges Anson, pendant son voyage autour du monde, mouilla dans la baie de la Table, le 11 mars 1744. « Les Hollandais, dit-il, n'ont pas dégénéré de l'industrie naturelle à leur nation, et ils ont rempli le pays qu'ils ont défriché de productions de plusieurs espèces, qui y réussissent pour la plupart mieux qu'en aucun lieu du monde, soit pour la bonté du terrain, soit à cause de l'égalité des saisons. Les vivres excellents qu'on y trouve et les eaux admirables, rendent cet endroit le meilleur lieu de relâche qui soit connu pour les équipages fatigués par des voyages de longs cours. Le chef d'escadre y resta jusqu'au commencement d'avril, et fut charmé des agréments et des avantages de ce pays, de la pureté de l'air et de la beauté du paysage ; tout cela animé, pour ainsi dire, par une colonie nombreuse et policée. »

Chaque district était administré par un landrost (intendant de la terre), avec l'assistance de hemraaden ou conseillers: Chaque canton avait pour chef un *veldcornet* ; titre que nous avons traduit par porte-drapeau, faute de meilleur équivalent. Ce magistrat civil et militaire remplissait des fonctions municipales, et commandait la milice bourgeoise quand elle était appelée à marcher contre les Bosjesmans.

Le district de Zwellendam fut rétabl en 1770; et celui de Graaf-Reinet formé en 1786, par le gouverneur Van der Graaf.

IV

Colonie du Cap depuis 1789. — Occupation du Cap par les Anglais. — État actuel. — Villes principales. — Détails topographiques.

A l'époque de la révolution française, la colonie du Cap était assez puissante pour songer à s'affranchir de la métropole. Elle travaillait à se constituer en république indépendante, lorsqu'en 1795, une flotte anglaise parut dans la baie False.

Un détachement du 78ᵉ régiment et un corps de marins débarquèrent sous les ordres du général Craig, s'emparèrent de plusieurs points fortifiés, et s'y maintinrent jusqu'à l'arrivée d'un corps d'armée considérable, amené par sir Alured-Clarke. Les colons capitulèrent, et les Anglais occupèrent sans coup férir Kaapstad, qui devint Cape-Town. Pour se concilier les vaincus, ils s'attachèrent à leur assurer les bienfaits d'une bonne administration ; et quand, en vertu du traité d'Amiens, la colonie fut rendue aux descendants de ceux qui l'avaient fondée, le trésor public avait un excédent de recettes d'environ trois cent mille rycksdales.

Des forces navales, commandées par sir David et sir Howe Popham, reconquirent Cape-Town en 1804.

En 1806, le vaisseau le *Marengo* et la frégate la *Belle-Poule*, sous les ordres du contre-amiral Linois, croisèrent vainement dans les parages du cap en cherchant l'occasion d'en chasser les Anglais. L'occasion ne se présenta pas, et, sacrifiant le plus faible au plus fort, les puissances signataires des traités de 1815 n'hésitèrent pas à dépouiller la Hollande au profit de la Grande-Bretagne. Les *boors* ou cultivateurs hollandais opposèrent une héroïque, mais stérile résistance à la domination qu'on leur infligeait.

La colonie du cap comprend actuellement environ 14,800 lieues carrées géographiques. Elle se compose des districts du Cap, de Graaf-Reinet, d'Albany, de Sommerset, de Woicester, de Zwellendam, de George, de Beaufort, de Stellenbosh, de Clanwilliam, et d'Uitenhagen. La population est évaluée à plus de deux cent mille âmes, dont cent mille blancs, soixante mille noirs ou mulâtres affranchis, trente mille Hottentots et dix mille Malais.

Cape-Town, capitale de la colonie,

compte environ cinquante mille habitants.
Toutes les principales puissances de l'Europe y ont des consuls, et la ville est dotée de toutes les institutions des grandes cités européennes. On y a créé, en 1829, un collège où l'on enseigne le latin, le grec, l'anglais, l'allemand, le français, les mathématiques, l'astronomie, le dessin, etc. Cape-Town possède encore plusieurs églises protestantes, une cathédrale catholique, un temple de francs-maçons hollandais, une riche bibliothèque, un observatoire, un jardin botanique. La société littéraire et scientifique de l'Afrique méridionale a fondé à Cape-Town un muséum d'histoire naturelle qu'enrichissent sans

cesse d'infatigables travaux. Le mouvement intellectuel de la colonie est attesté par de nombreuse associations bibliques, médicales, agricoles, philanthropiques, et par la publication de plusieurs journaux politiques, scientifiques et littéraires.

Une bourse, une chambre de commerce, la banque du cap de Bonne-Espérance, la Banque de l'Afrique méridionale, les banques coloniales de l'Union de l'Epargne, témoignent de l'activité commerciale de ce riche pays. Des laines brutes, de l'ivoire, des plumes d'autruche, des cuirs, des peaux de léopard, et de lion, du guano, de l'aloès, des vins blancs, dit madères du Cap, sont ses principaux objets d'exportation.

La ville est régulière, bien bâtie et éclairée au gaz. La baie du Cap (Tablebay), fermée d'un côté par une chaîne de montagnes et de l'autre par une langue de terre, semble devoir être un asile sûr ; mais d'impétueuses rafales y harcellent les vaisseaux et les poussent parfois à la côte. En définitive, le roi Jean II a imposé au Cap une qualification moins convenable que celle que Barthélemy Diaz avait adoptée.

Les autres villes remarquables de la

colonie sont Graham's-Town, chef-lieu du district d'Albany ; Constance, dont les vins sont célèbres ; Simon's-Town, sur la baie False, station navale commandée par un commodore, et où les navires trouvent pendant l'hiver un abri contre les vents du nord-ouest.

Le chef-lieu du district de Graaf-Reinet est situé à cinq cents milles (640 kilomètres) du Cap, sur les bords de la rivière Sondag. Barrow, secrétaire particulier de lord Macartney, gouverneur du Cap en 1797, a laissé la plus triste description de cette localité, où il se rendit pour réinstaller le landdrost ; que les boors avaient chassé. « Ce n'est, dit-il, qu'un assemblage de huttes de terre isolées, rangées en deux files, et laissant entre elles une espèce de roc. A l'un des bouts est la maison du landdrost, dont l'architecture n'a rien de brillant. Les cabanes qu'on avait construites pour y placer les bureaux de l'administration tombent en ruines, ou sont tout à fait écroulées. La prison est également construite en terre et couverte en chaume ; mais cet édifice est si peu convenable à l'usage auquel on le destine, qu'un déserteur anglais qu'on y avait enfermé s'échappa pendant la nuit en passant au travers du toit.

» Les hôtes qui habitent ces masures

ont des visiteurs fort incommodes : ce sont d'une part des termès ou fourmis blanches, qui minent le plancher d'argile et dévorent tout ce qu'elles rencontrent, excepté le bois ; et d'un autre côté des chauves-souris, qui, cachées pendant le jour, envahissent pendant la nuit les habitations. Il n'est pas possible d'y conserver de la lumière.

» Le village de Graaf-Reinet n'est guère habité que par des ouvriers ou par des employés subalternes du landdrost. Son aspect est plus misérable que celui de la dernière bicoque de France ou d'Angleterre. On ne peut s'y procurer qu'avec une difficulté extrême les choses les plus nécessaires à la vie. Les habitants n'ont ni vin ni bière ; ils sont réduits à boire de l'eau. Ce n'est pas la terre qui manque, mais l'industrie pour la cultiver. »

Les progrès considérables accomplis depuis 1797 jusqu'en 1856 ont complétement transformé Graaf-Reinet. C'est maintenant une jolie ville, dont les maisons ne manquent pas d'élégance, et dont les environs sont couverts de riches établissements agricoles.

Graaf-Reinet comme tous les autres districts, est en rapport journalier avec Cape-Town. Les journaux et les correspondances circulent rapidement dans toute la colonie. La poste est desservie par les boors établis près des grandes routes, à l'aide de leurs domestiques hottentots, et moyennant une indemnité proportionnelle à la distance parcourue.

Les routes de la colonie sont bien entretenues, et il faut qu'elles le soient pour résister au passage de grands véhicules comme celui où voyage et loge la famille Von Bloom. La description qu'en fait Mayne Reid dans *les Enfants des Bois* n'a rien d'ailleurs d'exagéré; en voici une qui la corrobore en tout point.

« C'est un spectacle curieux, dit M. Jacques Arago, que de voir un Cafre ou un Hottentot, serviteur d'un colon, et conduisant un de ces immenses chariots chargés de provisions de meubles et même de petites pièces de canon, de la ville à une maison de campagne ou d'une petite plantation au grand marché de la ville. Dix-huit buffles, attelés deux par deux, conduisent la lourde machine roulante ; un coureur les précède, ils vont au galop ; mais ce qu'il faut admirer surtout, c'est la merveilleuse adresse du conducteur, du cocher principal, assis en avant du chariot, armé d'un fouet dont le manche n'a pas plus de deux pieds, et la lanière pas moins de soixante. Il stimule les quadrupèdes, et atteint, dès qu'un frissonnement de ceux-ci l'indique, la mouche qui les harcèle. Au premier ou au second coup, l'insecte importun est écrasé sur la bête. L'automédon africain qui manquerait trois fois sa victime, serait déclaré indigne de conduire ces immenses voitures, dont nos omnibus ne donnent qu'une imparfaite idée. »

Le sol de la colonie du Cap est très accidenté ; elle est coupée par plusieurs chaînes de montagnes élevées qui s'étendent de l'est à l'ouest, à l'exception d'une seule qui se dirige au nord, en suivant la côte occidentale.

La première grande chaîne de l'est à

l'ouest est bordée d'une plaine longue de dix à trente milles, dentelée par plusieurs baies et arrosée d'un grand nombre de ruisseaux. La terre en est riche, et le climat égal et doux à cause de la proximité de l'Océan.

La deuxième chaîne est celle des Zwaarte-Bergen ou montagnes noires, plus élevée et plus âpre que la chaîne précédente, dont elle est séparée par un espace de dix à vingt milles. Cet espace contient certaines parties fertiles et bien arrosées ; mais elle offre en général des collines stériles et des plaines argileuses que les colons appellent *karoos*.

La troisième chaîne est celle des Snien-veld's-Bergen (monts des champs de neige). Entre ces montagnes et la deuxième chaîne est le grand Karoo ou désert, haute terrasse large de quatre-vingts milles et longue d'environ trois cents milles de l'est à l'oust. Elle est élevée de mille pieds au dessus du niveau de la mer.

La surface du grand Karoo présente des aspects très divers. Dans beaucoup d'endroits, c'est une argile de couleur brune; dans d'autres, un lit de sable traversé de veines de quartz et d'une sorte de pierre ferrugineuse; ailleurs, c'est un sable lourd, où l'on trouve çà et là de la marne noirâtre. Auprès du lit de la rivière Buffalo, tout le pays est parsemé de petits fragments d'ardoise pourpre, détachés d'une longue couche de bancs parallèles. Parmi ces fragments, on trouve des pierres noires qui ont toute l'apparence de laves volcaniques ou de scories de fournaise; la plaine est hérissée de monticules, tantôt coniques, tantôt tronqués au sommet; et quoiqu'ils semblent d'abord avoir été jetés là par des éruptions volcaniques, en examinant avec attention les couches alternatives de sable et de terre régulièrement disposées, on reconnaît le produit des eaux. Quelques marais sablonneux du Karoo sont couverts de roseaux et abondent en sources fortement salées.

Le long de la côte occidentale, le pays s'échelonne en terrasses successives, la chaîne du Roggeveld commence presque au 30e degré de latitude sud, et s'étend pendant l'espace de deux degrés et demi ; ensuite elle s'abaisse vers l'est, puis vers le nord-est, jusqu'à ce qu'elle atteigne la baie de Lagao. C'est ce qui forme la limite septentrionale du grand Karoo.

A l'extrémité la plus méridionale du Roggeveld se rencontrent les hauteurs suivantes :

La montagne de la table (*Table-Mountain*), à 3,582 pieds, séparée de la baie par la plaine où la ville du Cap est bâtie.

Le pic du Diable (*Devil's-Peak*), à 3,315 pieds.

La tête du Lion (*Lion's-Head*), à 2,760 pieds.

La croupe du Lion (*Lion's-Rump*), à 1,143 pieds.

Neuyzenberg, à environ 2,000 pieds.

Le pic d'Elsey (*Elsey-Peak*), à 1,200 pieds.

La montagne de Simon ou des Signaux

(*Simon's-Berg* ou *Signal-Hill*), à 2,500 pieds.

Le Paulus-Berg, à 1,200 pieds.

Constantia, à 3,200 pieds.

Le pic du Cap, à 1,000 pieds.

Hanglip-Cap, à 1,800 pieds.

L'Afrique méridionale est évidemment d'origine diluvienne. La formation de la péninsule est suffisamment indiquée par la structure de la montagne de la Table, qui est formée de plusieurs couches superposées comme des tables immenses, sans aucune veine intermédiaire. La plaine environnante est un schiste bleu, disposé en lignes parallèles du nord-ouest au sud-est, coupées par des masses de roches dures, mais également schisteuses.

V

Gouverneur et administration du Cap. — Etat moral des Hottentots et des Cafres

La belle colonie du Cap est l'objet de la constante sollicitude du gouvernement britannique; il y est représenté par un gouverneur, qui reçoit un traitement annuel de 6,000 livres sterling (150,000fr.). Auprès de lui sont deux conseils.

Le conseil législatif, dont les membres nommés par la métropole deviennent inamovibles au bout de deux ans;

Le conseil exécutif, où siègent le commandant militaire, le grand juge, le trésorier général et le secrétaire du gouvernement.

Le grand juge, avec deux assesseurs, constitue la cour suprême. Les tribunaux de première instance se composent des hemraaden, et sont présidés par le landdrost dans chaque district. L'exécution des sentences est confiée à un haut shérif, qui a un vice-shérif dans chaque chef-lieu.

Les commissaires de cantons ont conservé le titre de *veld-cornet* ou *field-cornet*.

Le gouvernement britannique n'a pas seulement souci des intérêts de ses sujets d'origine européenne, il a fait de louables efforts pour améliorer la condition des Hottentots, que les Hollandais avaient réduits à l'esclavage en les soumettant à un système de contrats forcés. La race indigène est sortie insensiblement de son état d'abjection, et a montré des dispositions qu'on ne lui avait pas supposées. Une commission spéciale a été chargée, en 1837, d'examiner les mesures propres à garantir aux aborigènes des possessions anglaises et aux tribus voisines, une justice impartiale et la protection de leurs droits, ainsi que pour répandre parmi eux la civilisation et leur inculquer les principes de la religion chrétienne. Le rapport de cette commission rend compte d'expériences qui venaient d'être tentées avec succès. « Des Hottentots, dit-il, furent invités à s'établir entre les deux bras de la rivière Kat. Ils devaient s'y trouver dans le voisinage des Cafres, alors vivement irrités contre la colonie. Plusieurs familles ne tardèrent pas à se rendre sur le lieu indiqué; il en était très peu qui possédassent quelque chose ; le plus grand nombre étaient pauvres, comme on devait s'y attendre, mais c'étaient des hommes d'un caractère ferme.

» Bientôt on s'aperçut qu'il était impossible de restreindre le nombre de ces nouveaux colons. Des Hottentots arrivaient de tous côtés ; beaucoup étaient assez mal famés ; il y en avait même qui jusque-là n'avaient cessé de mener une existence vagabonde, et qui demandèrent à être mis à l'épreuve. Les exclure était difficile ; d'autre part, il semblait cruel de refuser à un homme l'occasion d'améliorer son sort, par la seule raison qu'il se montrerait indigne de la faveur qu'on lui accorderait.

» Sur ces entrefaites, les Cafres menacèrent les nouveaux établissements; il devenait nécessaire d'en armer les habitants, à moins de les laisser exposés à être massacrés. La ruine de l'entreprise tentée paraissait imminente. Les Cafres et leurs zagaies étaient moins dangereux peut-être pour la colonie qu'une agglomération d'hommes armés de fusils et presque sans vivres. On présageait que ces derniers tourneraient aussi bien contre nous que contre les Cafres les armes que nous aurions mises dans leurs mains, et que le pays serait arrosé de sang.

» Sage ou non, une résolution fut prise ; on confia aux Hottentots des armes et des munitions. Ils se montrèrent dignes de cette confiance. Au lieu de manger et de dormir jusqu'à ce que leurs provisions fussent épuisées, et de se laisser surprendre par les Cafres, ils se mirent au travail, tout en prenant des mesures pour repousser au besoin une attaque. Ils creusèrent des canaux dans des terrains tellements accidentés, et avec des outils si imparfaits, qu'on n'aurait pas cru qu'il fût possible d'y parvenir. Sans autre secours que les plus misérables instruments, ils cultivèrent des champs sur une étendue qui causa la surprise de tous ceux qui les visitèrent. Les travailleurs qui n'avaient pas de vivres se nourrissaient de racines, ou se louaient à leurs compatriotes plus fortunés. Ces derniers eux-mêmes furent obligés d'économiser pour soutenir leurs familles, jusqu'à ce que, quelques mois après, ils eussent récolté en abondance des citrouilles, du maïs, des haricots, etc. Loin de montrer de l'apathie et de l'indifférence pour la propriété, à présent qu'ils en ont une à défendre, ils sont devenus aussi désireux de la conserver et de l'étendre que les autres colons. Ils témoignent un grand désir de voir se propager les écoles au milieu d'eux ; celles qui existent sont déjà dans un état florissant. Tel est leur amour pour l'instruction, que si quelqu'un se trouve savoir seulement épeler, et qu'il n'y ait dans les environs aucun moyen d'en apprendre davantage, il s'empresse de communiquer sa science aux autres.

» Le dimanche, ils font un chemin considérable pour assister au service divin, et leurs guides spirituels parlent avec ravissement des succès qui ont payé leurs soins. Nulle part les sociétés de tempérance n'ont réussi aussi bien qu'au milieu de ce peuple, autrefois plongé dans l'ivrognerie. Ils ont eux-mêmes demandé au gouvernement de faire inscrire dans les actes de concession la prohibition des cantines ou débits d'eau-de-vie. Chaque fois que les Cafres les ont attaqués, ils ont été repoussés ; et maintenant les deux nations vivent dans la meilleure intelligence.

» Les Hottentots de la rivière Kat n'ont coûté au gouvernement que l'entretien de leur ministre et des mesures de maïs et d'avoine pour ensemencer ; les fusils qu'on leur a prêtés, et quelques munitions qui leur ont été données pour leur défense et celle du pays en général ; ils payent toutes les taxes comme le reste de la population. On leur doit d'avoir rendu la rivière Kat la partie la plus sûre de la frontière.

Interrogé par les commissaires spéciaux du gouvernement britanique, le docteur Philip rendit ce témoignage à des Bosjesmans qui s'étaient installés dans une concession en 1832 : « Ils ne possédaient absolument rien ; au moyen d'une hachette, qu'ils empruntèrent, ils confectionnèrent une charrue en bois, sans un seul clou de fer, et s'en servirent pour cultiver leurs terres. La première récolte leur produisit assez pour s'entretenir pendant l'hiver, et un léger excédant, qu'ils vendirent. La seconde année, ils cultivèrent une grande étendue de terrain ; ils avaient alors une excellente charrue, faite par eux-mêmes et garnie d'un socle en fer ; ils s'étaient aussi construit un chariot. »

Questionné sur différents points par les membres de la commission, le docteur Philip répond.

D. A l'époque de votre résidence, les écoles étaient-elles bien suivies par un grand nombre d'enfants ?

R. En 1834, il y en avait sept cents.

D. Sur quelle population?

R. Sur quatre mille individus.

D. C'est donc à raison d'un sur sept ?

R. Oui ; et relativement à la population, c'est une proportion aussi forte que dans aucun autre pays de l'Europe.

D. Avez-vous interrogé les enfants instruits dans les écoles?

R. Je les ai interrogés en 1834. Sir John Wide, chef de la justice, se trouvant à la rivière Kat, je leur fis passer un examen public, à la suite duquel il me dit que dans toute la colonie aucune école ne lui avait procuré autant de satisfaction que celle du Hottentot.

D. Pensez-vous que dans ces écoles l'éducation soit conduite aussi loin, et que les enfants y répondent aussi bien que dans nos écoles d'Angleterre?

R. Je ne pense pas que des enfants placés dans une position égale auraient pu soutenir plus convenablement un examen.

D. Quels étaient les sujets d'instruction?

R. La lecture de l'anglais, le hollandais étant la langue du pays. Ils lisaient parfaitement l'anglais et connaissaient bien la géographie, ainsi que l'histoire générale. Ils écrivaient passablement et comprenaient l'arithmétique. Le mode général d'éducation m'a paru ne pouvoir être meilleur.

D. La population adulte se montrait-elle assidue un service divin?

R. Je n'ai jamais su qu'aucun individu en état d'y assister s'en fût abstenu.

D. Les chapelles étaient-elles aussi remplies, et la conduite était-elle aussi décente que dans notre pays?

R. Selon moi, et d'après le témoignage des gens les plus respectables, aucune congrégation religieuse du monde ne pouvait offrir le tableau de plus de recueillement, d'attention et de sentiments religieux ?

D. Les congrégations religieuses sont-elles entièrement composées d'indigènes ?

R. Oui. On voit rarement les yeux d'un seul individu se détourner du prédicateur. Il y a entre eux une force de sympathie qui fait que la respiration semble suspendue tant qu'une phrase n'est pas achevée. Ce qu'ils ont entendu devient l'objet de leurs prières après le service, et de leurs entretiens pendant la semaine.

D. Etes-vous d'avis que l'établissement de la rivière Kat et les progrès des habitants dans la civilisation puissent tendre à élever une défense contre les incursions des tribus sauvages?

R. Je le crois.

D. Quel était à ce sujet l'opinion du gouvernement?

R. Je pense que c'était l'opinion générale.

Des essais de civilisation ont été également tenté sur les Cafres, terribles voisins dont les incursions désolent la colonie ; on leur a envoyé des missionnaires ; on a opéré quelques conversions, mais l'influence de quelques chefs devenus chrétiens n'a pas empêché cette belliqueuse nation de franchir les frontières par bandes nombreuses, et de faire aux colons une guerre acharnée. On remarque cependant qu'au lieu de massacrer, comme par le passé, tous ceux qu'ils attaquaient, sans distinction d'âge ni de sexe, il leur arrive parfois de rendre des femmes et des enfants tombés entre leurs mains.

Limoges. — Imprimerie Charles Barbou.